BEI GRIN MACHT SICH IHR WISSEN BEZAHLT

- Wir veröffentlichen Ihre Hausarbeit, Bachelor- und Masterarbeit

- Ihr eigenes eBook und Buch - weltweit in allen wichtigen Shops

- Verdienen Sie an jedem Verkauf

Jetzt bei www.GRIN.com hochladen und kostenlos publizieren

Bibliografische Information der Deutschen Nationalbibliothek:

Die Deutsche Bibliothek verzeichnet diese Publikation in der Deutschen Nationalbibliografie; detaillierte bibliografische Daten sind im Internet über http://dnb.d-nb.de/ abrufbar.

Dieses Werk sowie alle darin enthaltenen einzelnen Beiträge und Abbildungen sind urheberrechtlich geschützt. Jede Verwertung, die nicht ausdrücklich vom Urheberrechtsschutz zugelassen ist, bedarf der vorherigen Zustimmung des Verlages. Das gilt insbesondere für Vervielfältigungen, Bearbeitungen, Übersetzungen, Mikroverfilmungen, Auswertungen durch Datenbanken und für die Einspeicherung und Verarbeitung in elektronische Systeme. Alle Rechte, auch die des auszugsweisen Nachdrucks, der fotomechanischen Wiedergabe (einschließlich Mikrokopie) sowie der Auswertung durch Datenbanken oder ähnliche Einrichtungen, vorbehalten.

Impressum:

Copyright © 2015 GRIN Verlag, Open Publishing GmbH
Druck und Bindung: Books on Demand GmbH, Norderstedt Germany
ISBN: 9783668507791

Dieses Buch bei GRIN:

http://www.grin.com/de/e-book/372415/entwicklung-der-einkommens-und-vermoegensverteilung-in-deutschland-von

Leona Walter

Entwicklung der Einkommens- und Vermögensverteilung in Deutschland von 1990 bis 2012. Eine Analyse

GRIN Verlag

GRIN - Your knowledge has value

Der GRIN Verlag publiziert seit 1998 wissenschaftliche Arbeiten von Studenten, Hochschullehrern und anderen Akademikern als eBook und gedrucktes Buch. Die Verlagswebsite www.grin.com ist die ideale Plattform zur Veröffentlichung von Hausarbeiten, Abschlussarbeiten, wissenschaftlichen Aufsätzen, Dissertationen und Fachbüchern.

Besuchen Sie uns im Internet:

http://www.grin.com/

http://www.facebook.com/grincom

http://www.twitter.com/grin_com

Gymnasium Theodorianum Paderborn

Facharbeit im Fach: Sozialwissenschaften

Die Entwicklung der Einkommens- und Vermögensverteilung in Deutschland von 1990 bis 2012

Verfasserin: Leona Walter

Kurs: LK Sozialwissenschaften

Schuljahr: 2014-15

Bearbeitungszeit: 02.02.15- 13.03.15

Abgabetermin: 13.03.15

Inhaltsverzeichnis

1. Einleitung 3
2. Über die Bedeutung von Einkommen und Vermögen 3
3. Begriffsklärung 4
   3.1 Der Begriff „Einkommen" 4
   3.2 Der Begriff „Vermögen" 5
4. Einkommen- und Vermögensverteilung in Deutschland 6
   4.1 Verteilung des Einkommens 6
   4.2 Verteilung des Vermögens 7
5. Gründe für die Ungleichverteilung 7
   5.1 Die Armen werden ärmer und die Reichen werden reicher 8
   5.2 Das Vermögen weniger Menschen nimmt zu 10
6. Problembehebung: Vorschläge zur Korrektur 11
7. Fazit 12
8. Literaturverzeichnis 13

1. Einleitung

„Ich muss studieren!" sagen sich heute viele junge Menschen. Sie haben oft Angst, ohne Studium keinen guten Job zu bekommen. Ohne diesen werden sie sich nicht das leisten können, was sie möchten. Es stellt sich jedoch die Frage, ob das Studium ein gutes Einkommen sichern kann. Die Entwicklung der Einkommens- und Vermögensverhältnisse in Deutschland zeigt, dass der Wohlstand von vielen anderen Faktoren abhängt.

Immer wieder ist zu lesen, dass die Einkommens- und Vermögensverteilung in Deutschland immer weiter auseinander geht und dass die Faktoren, die eine positive Einkommenserwartung eigentlich begründen, wie z.B. eine gute Ausbildung, dafür nicht ausreichend sind.

So, wie das Studium nicht automatisch das gute Einkommen sichert, so sichert auch das Einkommen nicht unbedingt einen wohlverdienten Ruhestand. In der Politik wird in den letzten Jahren viel über Altersarmut diskutiert. Die Menschen, die über Jahre in die Rentenversicherung eingezahlt haben, haben Angst, sich nicht leisten zu können, so weiterzuleben, wie sie es bis zur Rente gemacht haben. Sind diese Ängste berechtigt?

Um die Gründe für diese Verunsicherungen herauszufinden, ist es wichtig, sich die Einkommens- und Vermögensverteilung der letzten Jahre anzusehen. Deren Daten geben Aufschluss über wichtige Zusammenhänge für die Zukunft. Dabei zeigt sich, dass nicht mehr das Einkommen, sondern das Vermögen der einflussreiche Faktor des Wohlstandes ist.

2. Über die Bedeutung von Einkommen und Vermögen

Nach dem Duden steht der Begriff Vermögen einerseits für Besitztümer, Eigentum, Gelder oder Güter. Gleichzeitig steht hinter dem Wort „Vermögen" aber auch die Fähigkeit, etwas zu tun (vgl. Duden). Erst ein bestimmtes

Vermögen versetzt einen in die Lage, bestimmte Ziele oder Wünsche zu verwirklichen.

Das Vermögen erfüllt verschiedene Aufgaben und hat Funktionen, die für das tägliche Leben, aber auch die Entwicklung von Menschen in ihrem Lebenslauf von großer Bedeutung sind. (vgl. Grapka/ Westermeyer 2014, S. 151). Mit Vermögen ist man in der Lage, Einkommen zu erwirtschaften (Einkommensfunktion). Sachvermögen wie Wohneigentum, Autobesitz, etc. kann der Inhaber nutzen (Nutzungsfunktion). Vermögen sichert zum Beispiel bei Arbeitslosigkeit unseren Lebensunterhalt (Sicherungsfunktion). Menschen mit großen Vermögen können Macht in der Welt ausüben (Machtfunktion); ebenfalls sind sie durch das Vermögen in der Lage, ihren Kindern eine gute Ausbildung zu ermöglichen (Sozialisationsfunktion). Vermögen sichert den Lebensstandard (soziale Mobilitäts- und Statuserhaltungsfunktion). Nur wer Vermögen hat, kann auch etwas vererben (Vererbungsfunktion). Einkommen steht unmittelbar mit dem Vermögen in Verbindung. Nur wer ein hohes Einkommen hat, wird auch Vermögen bilden können. In seinem Armutsbericht stellt der Paritätische Wohlfahrtsverband fest, dass die Armutsquote ein neues Rekordhoch erreicht hat (Deutscher Paritätischer Wohlfahrtsverband 2014). Der Anstieg der Armut sei fast flächendeckend. Die im Bericht besonders hervorgehobenen Problemregionen befinden sich in NRW, im Ruhrgebiet und im Großraum Düsseldorf. Die Studie wird aktuell stark diskutiert.

3. Begriffsklärung

3.1 Der Begriff „Einkommen"

„Unter Einkommen versteht man alle Einkünfte in Form von Geld oder Sachgütern, die einer Person, einem Haushalt oder einem Unternehmen in einem bestimmten Zeitraum zufließen" (Duden Wirtschaft 2013, Stichwort Einkommen). Dabei werden verschiedene Einkommensarten unterschieden:

hervorzuheben sind das Arbeitseinkommen (z.b. aus Lohn und Gehalt), Kapitaleinkommen (Bsp. Zinsen auf dem Sparbuch oder Einkünfte aus Vermietung) und Gewinneinkommen aus unternehmerischer Tätigkeit (Duden Wirtschaft, 2013, Stichwort Einkommen). Diese Einkommensarten werden unter dem Begriff Markteinkommen zusammen gefasst (vgl. Sachverständigenrat für wirtschaftliche Entwicklung in Deutschland, S. 310). Da Einkommen hier durch die Tätigkeit am Markt erzielt wird, z.b. als Arbeitnehmer auf dem Arbeitsmarkt, als Vermieter auf dem Wohnungsmarkt, als Anleger auf dem Kapitalmarkt. Daneben gibt es Transfereinkommen, die über staatliche Sozialsysteme ausgezahlt werden (z.B. Rente, Arbeitslosengeld, Hartz IV). Markteinkommen und Transfereinkommen können unter dem Begriff des Gesamteinkommens zusammengefasst werden. Gezahlte Steuern und Sozialabgaben fließen hier ebenfalls mit ein. Eine weitere Unterscheidungsmöglichkeit ist die Einteilung in Nominal- und Realeinkommen. Nominaleinkommen ist beispielsweise die Summe, die im Arbeitsvertrag festgelegt wird. Realeinkommen ist das Geld, das dem Arbeitnehmer ausgezahlt wird. Hier werden vom Nominaleinkommen Steuern und Sozialabgaben abgezogen.

3.2 Der Begriff „Vermögen"

Das Vermögen der Privathaushalte setzt sich aus folgenden Bestandteilen zusammen: Sachvermögen (Häuser, Grundstücke), Gebrauchsvermögen (Gold, Schmuck, Bilder, Kraftfahrzeuge u.a.), positive Geldvermögen in Form von Forderungen gegen Staat, gegenüber Privaten und in Form von Beteiligungsrechten wie z.B. Aktien (Grapka/Westermeyer 2014, S. 152). Diese Werte werden als Bruttovermögen bezeichnet. Um jedoch den wahren Wert zu ermitteln, ist es notwendig, die Schulden gegenzurechnen. So hat ein Hausbesitzer zumeist Schulden bei der Bank aufgenommen, um das Haus zu kaufen. Außerdem werden noch andere Vermögensarten unterschieden, so z.b. Ansprüche aus Rentenversicherungssystemen, wie Lebensversicherungen.

4. Einkommen- und Vermögensverteilung in Deutschland

4.1 Verteilung des Einkommens

Diese Graphik „Verteilung des verfügbaren bedarfsgewichteten Haushaltseinkommens (http://www.bpb.de/nachschlagen/zahlen-und-fakten/soziale-situation-in-deutschland/61769/einkommensverteilung) zeigt die Entwicklung der Einkommensverteilung von 1991 bis 2010.

Die in der Tabelle erfolgte Auswertung beschreibt das bedarfsgewichtete Haushaltseinkommen, das bedeutet, dass hierbei die unterschiedlichen Haushaltsstrukturen (Single-Haushalt, Familie, etc.) berücksichtigt werden. Hierbei werden die Einspareffekte, die durch das Zusammenleben erzielt werden, bei der Berechnung des Einkommens mit eingerechnet. In dieser Übersicht wird die Bevölkerung in 10 gleich große Einkommensgruppen eingeteilt. Die Graphik vergleicht die Jahre 1991 und 2010.

Im Jahr 1991 verfügten die 10% der Bevölkerung mit dem niedrigsten Haushaltseinkommen (1. Zehntel) über 4,1% des Einkommensvolumens, die 10% der Bevölkerung mit dem höchsten Haushaltseinkommen (10. Zehntel) über 20,5% des Einkommensvolumens. Im Jahr 2010 verfügte das 1. Zehntel dagegen nur noch über 3,7% des Einkommensvolumens. Beim 10. Zehntel erhöhte sich der Anteil auf 23.1%.

Insgesamt ist auffällig, dass lediglich beim 10. Zehntel der Anteil am Einkommensvolumen angestiegen ist. Dagegen sind die Anteile der anderen neun Zehntel zurückgegangen. Dabei muss man bedenken, dass relativ betrachtet die Auswirkung in den unteren Zehnteln größer ist: so sind beim 1. Zehntel 0,4% Rückgang 10%, während beim 5. Zehntel der Rückgang um 0,3% nur ca. 3,3 % beträgt. Die untersten 50% hatten 1991 33% Anteil am Einkommensvolumen, die obersten 20 % hatten 34,8% Anteil am Einkommensvolumen. Im Jahr 2010 hatten die untersten 50% 31,3% Anteil am Einkommensvolumen, die obersten 20% hatten bereits 37,3% Anteil am Einkommensvolumen.

4.2 Verteilung des Vermögens

Diese Graphik „Vermögensverteilung" (http://www.bpb.de/nachschlagen/zahlen-und-fakten/soziale-situation-in-deutschland/61781/vermoegensverteilung) zeigt die Vermögensverteilung in den Jahren 2002 und 2007:

Auch bei dieser Übersicht wird die Bevölkerung in 10 Gruppen eingeteilt. Im Jahr 2002 verfügten die 10% der erwachsenen Bevölkerung mit dem niedrigsten Vermögen (1. Zehntel) über kein Vermögen, sondern Schulden (–1,2% des Vermögens), die 10% der erwachsenen Bevölkerung mit dem höchsten Vermögen (10. Zehntel) verfügten über 57,9% des Vermögens.

Bis zum Jahr 2007 hat sich der Zustand der 10% der Menschen, die über kein Vermögen verfügten nochmals verschlechtert, da sich ihr negatives Vermögen auf -1,6% verringert hat. Das 10. Zehntel verfügte dagegen im Jahr 2007 bereits über 61,1% des Vermögens. Während das reiche 10. Zehntel im Jahr 2002 über 57,9% des Vermögens verfügte und die anderen 90% der erwachsenen Bevölkerung noch über 42% des Vermögens verfügten, wurde im Jahr 2007 der Unterschied noch größer. Nun verfügte das 10. Zehntel über 61,1% des Vermögens, die übrigen 90% jedoch nur noch über 38,9% des Vermögens. Darüber hinaus fällt auf, dass 30% der erwachsenen Bevölkerung gar kein Vermögen hatten, weder im Jahr 2002 noch im Jahr 2007.

Wie die Einkommensstatistik, so zeigt auch die Vermögensstatistik eine Verschlechterung der Situation, sogar noch in erheblicherem Umfang. Der Anstieg des Vermögens betrifft nur das 10. Zehntel der Bevölkerung, während die anderen neun Zehntel Vermögen verloren haben.

5. Gründe für die Ungleichverteilung

Die Darstellungen von Einkommens- und Vermögensverteilung zeigen, dass diese ungleich sind. Allerdings ist die Ungleichverteilung beim Vermögen größer als beim Einkommen. Es scheint, dass die Reichen immer reicher, und die Armen immer ärmer werden. An dieser Stelle sollen einige Gründe für diese Ungleichverteilung ausgeführt werden.

5.1 Die Armen werden ärmer und die Reichen werden reicher

Einige Ökonomen verbinden geringeres Einkommen mit geringerer Produktivität. Ausbildungskosten und die Qualität der Ausbildung werden als Gründe für ein höheres Arbeitsentgelt aufgeführt. Dieser Zusammenhang hat sich in den letzten Jahrzehnten deutlich gelockert, so hat z.b. in Berlin nahezu jeder zweite Taxi Fahrer einen akademischen Abschluss. Dass ein Studium in eine wohlhabende Lebenssituation führt, ist daher nicht notwendig so. Das Bildungssystem in Deutschland ist hoch selektiv und die Gesellschaften und Eliten schotten sich nach außen ab. Dies führt gleichermaßen zur Verstärkung der unteren Einkommenssegmente und zur Stabilisierung der hohen Einkommenssegmente. Der Zusammenhang zwischen sozialer Herkunft bzw. sozialer Schicht und Bildungsniveau ist in keinem europäischen Land so hoch wie in Deutschland. Trotz eines deutlichen Zuwachses bei den Studienanfängern liegt Deutschland im europäischen Vergleich auf Platz 19 (OECD Studie, Bildung auf einen Blick 2014).

Auch das Geschlecht von Arbeitnehmern ist ein wichtiges Kriterium, das den Zusammenhang zwischen Qualifikation und Einkommen stört. Frauen erzielen im Durchschnitt nur die Hälfte des Einkommens der Männer (Bach, Frauen erzielen im Durchschnitt 2014, S. 803). Nach wie vor verdienen Frauen für die gleiche Arbeit weniger als Männer, und ein hoher Anteil von Frauen in bestimmten Branchen drückt das Lohnniveau für die ganze Branche, wie dies z.B. der Fall ist für Erzieherinnen in Kitas.

Einen gewissen Einfluss auf das Einkommen von Arbeitnehmern hat auch die Verfügbarkeit bzw. die Mangelsituation von Fachkräften. Große Firmen sind durchaus in der Lage, gesuchte Fachkräfte und Experten durch hohe Gehälter zu locken. Diese Möglichkeit bietet sich jedoch nicht für Klein- und Mittelgewerbe. Wer dort arbeitet, verdient fast automatisch weniger. Das Einkommen gut qualifizierter Arbeitnehmer kann auch deswegen höher ausfallen, weil

Einarbeitungs- und Fortbildungskosten wegfallen. Hinzu kommt, dass Einkommensmöglichkeiten für Geringqualifizierte immer knapper werden; sie nehmen mit dem technischen Fortschritt ab und die Verlagerung von Produktionen in Billiglohnländer führt zu weiteren Arbeitsplatzverlusten in Deutschland.

Eine weitere wichtige Ursache der Ungleichheit in Deutschland liegt im Wandel der Arbeitswelt. So führen Massenarbeitslosigkeit und Langzeitarbeitslosigkeit zu strukturellen Veränderungen in der Arbeitswelt.

In den letzten Jahrzehnten haben sich Arbeitsplätze stark verändert: Die Zahl von befristeten Arbeitsplätzen, Teilzeitarbeitsplätzen, unbezahlten Praktika, Zeitarbeit, Leiharbeit und geringfügiger Beschäftigung hat extrem zugenommen. Derartige Arbeitsverhältnisse erhöhen den Lohndruck insgesamt, auch auf die Belegschaften in regulären Arbeitsverhältnissen.

Die internationale Verflechtung von großen Produktionsbetrieben macht es möglich Produktionen von einem Standort zu einem andere zu verlagern. Dies stellt eine permanente Bedrohung durch Arbeitsplatzverlust dar. In der Konsequenz können Forderungen auf Lohnerhöhungen nicht erhoben werden und Lohnkürzungen sind durchaus üblich (Beispiel: Opel). Negativ auf das Einkommen von Arbeitnehmern wirkt sich auch aus, dass immer mehr Betriebe an die Börse gehen. Der Zwang zur Erwirtschaftung von Renditen auf Aktien wirkt sich oft negativ auf die Entlohnung der Arbeitnehmer aus.

Die Einkommenssituation von Arbeitnehmern spiegelt sich in den Renten wieder. Die hohe Zahl der niedrigen Einkommen führt zu noch niedrigeren Renten von Arbeitnehmern und Arbeitslosen. Ein geringfügig Beschäftigter (450 € pro Monat) erwirbt in zehn Jahren eine Rente von circa 50 € pro Monat. Dieses Beispiel zeigt, dass die Zunahme prekärer Arbeitsverhältnisse zu Altersarmut führt.

Die Steigerung der Einkommen bei den 10% mit den höchsten Einkommen kann der Steigerung von Honoraren und Prämien der Topmanager und Unternehmensbesitzer zugerechnet werden.

5.2 Das Vermögen weniger Menschen nimmt zu

Die Statistiken haben gezeigt, dass Ungleichheit bei den Einkommen von Ungleichheit bei den Vermögen noch übertroffen wird. Die Steigerung der Vermögenswerte bei den 10% mit dem höchsten Vermögen ist besonders hoch. Der Zusammenhang ist einfach einzusehen: Wer ein nur geringes Einkommen hat, das gerade mal ausreicht, um den Lebensunterhalt zu bestreiten, hat kein Geld übrig, um es anzulegen.

Thomas Piketty schreibt in seinem Buch „Das Kapital des 21. Jahrhunderts" über den modernen Kapitalismus und beschreibt die Welt als eine oligarchische Gesellschaft, „ in der eine kleine Schicht sehr mächtiger und sehr reicher Leute alle wesentlichen wirtschaftlichen, gesellschaftlichen und politischen Bereiche durch finanzielle, wirtschaftliche und politische Macht dominiert und die eigene Macht auch oft über weitere Generationen festigen kann" (Bischoff/ Müller, Über Thomas Piketty 2014).

Die Rendite auf Privatvermögen ist größer als das Wirtschaftswachstum. Wenn dies zutrifft ist zu erwarten, dass die Schere zwischen reich und arm immer weiter wird. Die Vermögen sind entscheidende Akteure auf den Finanzmärkten. Die zunehmende Bedeutung der Finanzmärkte verschärft die Diskrepanz zwischen arm und reich und verkleinert die gesellschaftliche Mitte.

Zudem ist die Besteuerung von Erträgen aus Kapitalvermögen mit derzeit 25 % sehr viel geringer als die Besteuerung von Löhnen und Gehältern; Arbeitseinkommen werden bis zu 45 % besteuert. Die Gewinnsteuer wurde im Laufe der letzten Jahrzehnte auf 15 % abgesenkt. Die Vermögenssteuer wird seit 1995 gar nicht mehr erhoben. Betrachtet man das gesamte Steueraufkommen „stellt man fest, dass 80 % aus Lohnsteuer, Umsatzsteuer und Verbrauchssteuer zusammenkommen. Unternehmens- und Gewinnsteuer tragen nur 12 % dazu bei (Zeit Online, Ein wahrer Billionensegen erfreut die Großerben, 2013).

6. Problembehebung: Vorschläge zur Korrektur

Die ökomische Ungleichheit unserer Gesellschaft wird politisch und moralisch unterschiedlich bewertet. Sozialdemokraten und christlich geprägte Konservative sehen den Zusammenhalt der Gesellschaft in Gefahr und führen Politikverdrossenheit, Rückzug und verschiedene Protestformen auf diese Ungleichverteilung zurück. Liberale erwarten, dass die Erhöhung der Chancengleichheit durch individuelle Motivation und Dynamik zu mehr Wachstum führen würde. Einig sind sich alle über die Notwendigkeit zur Erhöhung der Bildungschancen für alle. Dagegen kann man kritisch einwenden, dass die Verbesserung von Aufstiegsmöglichkeiten durch Bildung zwar eine Linderung der Diskrepanz der Einkommensverteilung bewirken kann, dass die jedoch die Ungleichheiten bei der Vermögensverteilung kaum berührt.

Problemlösungen können auch im ökonomischen Bereich gefunden werden, indem Einkommen und Vermögen neu bewertet werden. Die soziale Organisation *Attac* fordert bereits seit langem eine Abschmelzung der Spitzenvermögen und hält die Einführung einer umfassenden einmaligen Vermögensabgabe und einer kontinuierlich Vermögensbesteuerung für ein geeignetes Instrument zur Problemlösung. Als gutes Beispiel erwähnen sie das norwegische Modell. In Norwegen gibt es bereits seit 1890 eine jährliche Steuer auf persönliches Vermögen (im Jahr 2012 war der Satz 1,1 %). Und dazu wird das Steuerpflichtige Vermögen wird so errechnet, dass nur die reichsten 20 % der Bevölkerung die Steuer bezahlen müssen. 90 % dieser Steuereinnahmen kommen von den reichsten 10 %. So kommen pro Jahr ca. 2 Milliarden in den Staatshaushalt, das sind ca. 1,5% des gesamten Steueraufkommens. Außer der Vermögenssteuer schlägt *Attac* weiterhin höhere Steuern auf Spitzeneinkommen, eine Harmonisierung der Unternehmensbesteuerung innerhalb der EU, eine angemessene Besteuerung von Kapitalbeträgen, eine umfassende Finanztransaktionssteuer und einen massiven Kampf gegen Steuerflucht und Steuerhinterziehung vor. Mit der einmaligen Abgabe soll der Umverteilungsprozess der letzten 30-40 Jahre korrigiert werden. Zusätzliche

Vorschläge plädieren für ein Steuerreformpaket in dem niedrige Einkommen besser geschützt werden (Attac, Vermögensabgabe)

7. Fazit

Die Beobachtung der Entwicklung der Einkommens- und Vermögensentwicklung in Deutschland seit den frühen 1990er Jahren zeigt, dass unsere Vermutungen, wie man sich Wohlstand sichern kann, nicht wirklich zuverlässig sind. Viele andere Faktoren beeinflussen die Einkommens- und Vermögensentwicklung. So führt eine gute Ausbildung nicht unbedingt zu einem passablen Einkommen und ein gutes Einkommen führt nicht automatisch zu Wohlstand. Die Beobachtung der Entwicklung in Deutschland seit 1990 wurde in der vorliegenden Arbeit vor allem durch zwei Statistiken veranschaulicht. Die Einkommensstatistik zeigt, dass sich nur das oberste Zehntel positiv entwickeln konnte und das Einkommensvolumen erhöht hat. Es gibt also einen faktischen Zuwachs an Einkommen, dieser gilt allerdings nur für die Gruppe, die bereits an der Spitze der Einkommen steht. Die anderen Gruppen weisen alle Verluste auf, d.h. ihr Einkommen ist gesunken. Für 90 % der Bevölkerung hat sich die Einkommenssituation also verschlechtert. Ein vergleichbarer Schluss muss aus der Entwicklung der Einkommensverteilung gezogen werden. Zwar wurde hier nur eine Statistik der Bundeszentrale vorgelegt, die die Jahre 2002 bis 2007 abdeckt, aber es ist deutlich, dass die längere Zeitspanne diesen Eindruck noch verstärken würde. So zeigt die Vermögensverteilung, dass nur ein Zehntel, nämlich das bereits am besten gestellte Zehntel einen Vermögenszuwachs verzeichnen konnte, während alle anderen 90 % eine Senkung ihres Vermögens hinnehmen mussten.
Mit dem einseitigen Zuwachs, der sich überproportional aus den Vermögen ableitet, wird es um so schwieriger, die breite Mitte der Gesellschaft durch eine ausgeglichene Einkommensentwicklung und Einkommensverteilung zu stärken. Wie gezeigt wurde, ist das gute Einkommen nicht mehr unbedingt von einer guten Ausbildung abhängig, sondern durch viele andere soziale Faktoren beeinflusst.

8. Literaturverzeichnis

- Attac: Vermögensabgabe: http://www.attac.org/de/what-we-do/campaigns/f%C3%BCr-eine-europaweit-koordinierte-verm%C3%B6gensabgabe; aufgerufen am 08.03.2015.
- Bach, Stefan, Frauen erzielen im Durchschnitt nur halb so hohe Einkommen wie Männer, in: DIW Wochenbericht 35/2014, S.803-813
- Bach, Stefan, Einkommens- und Vermögensverteilung in Deutschland. Aus Politik und Zeitgeschichte 2013 | Steuerpolitik | Einkommens- und Vermögensverteilung in Deutschland (online), 27.02.2013. http://www.bpb.de/apuz/155705/einkommens-und-vermögensverteilung-in-deutschland, aufgerufen am 08.03.2015.
- Bischoff, Joachim/ Müller Bernhard über Thomas Piketty, Das Kapital des 21. Jahrhunderts, veröffentlicht am 09.07.2014: http://www.transform-network.net/de/blog/blog-2014/news/detail/Blog/02c8a49f98.html aufgerufen am 08.03.2015.
- Bundeszentrale für politische Bildung, Verteilung des verfügbaren, bedarfsgewichteten Haushaltseinkommens, veröffentlicht am 27.09. 2013: http://www.bpb.de/nachschlagen/zahlen-und-fakten/soziale-situation-in-deutschland/61769/einkommensverteilung, aufgerufen am 08.03.15.
- Bundeszentrale für politische Bildung, Vermögensverteilung, veröffentlicht am 27.09.2013, http://www.bpb.de/nachschlagen/zahlen-und-fakten/soziale-situation-in-deutschland/61781/vermoegensverteilung, aufgerufen am 08.03. 2015.
- Deutscher Paritätischer Wohlfahrtsverband Gesamtverband e.V.: Die zerklüftete Republik. Bericht zur regionalen Armutsentwicklung in Deutschland 2014.
- Duden online: http://www.duden.de/suchen/dudenonline/Besitz%20%5BVermögen%5D aufgerufen am 14.02.2015.
- Duden Wirtschaft von A bis Z: Grundlagenwissen für Schule und Studium, Beruf und Alltag. 5. Aufl. Mannheim: Bibliographisches Institut

2013. Lizenzausgabe Bonn: Bundeszentrale für politische Bildung 2013.
- Grapka, Markus M./Westermeier Christian: Anhaltend hohe Vermögensgleichheit in Deutschland, DIW Wochenbericht Nr. 9, 2014, S.151-164.
- Hradil, Stefan: Soziale Ungleichheit, Bundeszentrale für Politische Bildung, veröffentlicht am 31.5.212: http://www.bpb.de/politik/grundfragen/deutsche-verhaeltnisse-eine-sozialkunde/138446/ausblick, aufgerufen am 08.03.2015.
- OECD: Bildung auf einen Blick, Ländernotiz, Deutschland 2014, S. 5: http://www.oecd.org/berlin/publikationen/bildung-auf-einen-blick-2014-deutschland.pdf, aufgerufen am: 08.03.2015.
- Sachverständigenrat für wirtschaftliche Entwicklung in Deutschland, Jahresgutachten 2009/10, S.310-333: http://www.sachverstaendigenrat-wirtschaft.de/fileadmin/dateiablage/download/gutachten/ga09_ana.pdf; aufgerufen am 08.03. 2015
- Wikipedia, Einkommensverteilung: http://de.wikipedia.org/wiki/Einkommensverteilung; aufgerufen am 15.03.2015.
- Zeit Online: Wachsende Ungleichheit. Ein wahrer Billionensegen erfreut die Großerben, Ausgabe 07, veröffentlicht 2013: http://www.zeit.de/2013/07/Essay-Bundesregierung-Armuts-und-Reichtumsbericht/seite-2, aufgerufen am 08.03.2015.

BEI GRIN MACHT SICH IHR WISSEN BEZAHLT

- Wir veröffentlichen Ihre Hausarbeit, Bachelor- und Masterarbeit

- Ihr eigenes eBook und Buch - weltweit in allen wichtigen Shops

- Verdienen Sie an jedem Verkauf

Jetzt bei www.GRIN.com hochladen und kostenlos publizieren